# CATALOGUE

## DES

# TABLEAUX

## Anciens et Modernes

## AQUARELLES ✦ DESSINS ✦ GRAVURES ✦ MINIATURES ✦ PASTELS

### APPARTENANT A DIVERS

---

# TABLEAUX MODERNES

## DES ÉCOLES

## Anglaise, Américaine, Hongroise et Italienne

### APPARTENANT A M. R···

DONT LA VENTE AUX ENCHÈRES PUBLIQUES AURA LIEU

# HOTEL DROUOT, SALLE N° 9

## Le Lundi 15 Mai 1911

A 2 HEURES 1/4 PRÉCISES


M° **Gustave COULON**
COMMISSAIRE-PRISEUR
*12, Rue de la Victoire, 12*

M. **Albert JEHN**
EXPERT
*14, Rue La Bruyère (9°)*


## EXPOSITION PUBLIQUE

*Le Dimanche 14 Mai 1911, de 2 heures à 6 heures*

412

# CATALOGUE

## DES

# TABLEAUX

### Anciens et Modernes

## AQUARELLES ⊕ DESSINS ⊕ GRAVURES ⊕ MINIATURES ⊕ PASTELS

### APPARTENANT A DIVERS

---

# TABLEAUX MODERNES

## DES ÉCOLES

### Anglaise, Américaine, Hongroise et Italienne

### APPARTENANT A M. R***

DONT LA VENTE AUX ENCHÈRES PUBLIQUES AURA LIEU

# HOTEL DROUOT, SALLE N° 9

## Le Lundi 15 Mai 1911

A 2 HEURES 1/4 PRÉCISES


**Mᵉ Gustave COULON**
COMMISSAIRE-PRISEUR
12, Rue de la Victoire, 12

**M. Albert JEHN**
EXPERT
14, Rue La Bruyère (9ᵉ)


## EXPOSITION PUBLIQUE

### Le Dimanche 14 Mai 1911, de 2 heures à 6 heures

412

# CONDITIONS DE LA VENTE

La Vente sera faite au comptant.

Les acquéreurs paieront *dix pour cent* en sus des enchères.

L'exposition publique mettant les acheteurs à même de se rendre compte de l'état des objets, aucune réclamation ne sera admise une fois l'adjudication prononcée.

Les mesures sont données à titre d'indication et sans garantie.

Monsieur Albert Jehn remplira les commissions que voudront bien lui confier MM. les amateurs ne pouvant y assister.

# DÉSIGNATION

## TABLEAUX MODERNES

### APPARTENANT A DIVERS

### ALLIER

1 Paysage avec moulin.
Signé en bas à droite.
Haut. : 0ᵐ19; Larg. : 0ᵐ24.

### BALZE

(Elève de M. Ingres)

2 La Dispute.
Signé en bas à gauche.
Haut. : 1ᵐ16; Larg. : 0ᵐ74.

### RICO CEJUDO

3 Venise.
Haut. : 0ᵐ20; Larg. : 0ᵐ37.

### DIAZ (Genre)

4 Fleurs.
Haut. : 0ᵐ46; Larg. : 0ᵐ37.

### COURBET (Attribué à)

5 Copie du tableau de Rubens : La Chaste Suzanne, de la
la pinakothek de Munich.
Haut. : 0ᵐ65 ; Larg. : 0ᵐ94.

### DETAILLE (Edouard)

6 Le Général Canrobert à cheval, salue en tenant son
képi de la main droite.
Signé en bas à gauche, daté 1884.
Haut. : 1ᵐ45; Larg. : 1 m.

## ECOLE ANGLAISE DU XIXe SIÈCLE

7 L'Avare.

Haut.: 0m60 ; Larg.: 0m46.

8 Vue de Ville.

Haut. : 1m05. ; Larg. : 0m80.

## ECOLE ESPAGNOLE DU XIXe SIÈCLE

9 Intérieure.

Haut. : 0m21 ; Larg. : 0m25.

## M. DE LA ROSA

10 Fleurs.

Haut. : 0m33. ; Larg. : 0m43.

## ECOLE FRANÇAISE DU XIXe SIÈCLE

11 Paysage.

Haut. : 0m24. ; Larg.: 0m38.

12 Paysage.

Haut. : 0m58 ; Larg. : 0m62.

13 Réunion d'arabes, genre de Diaz.

Haut. : 0m15 ; Larg. : 0m21.

14 Marine.

Signé à droite, Lizé.

Haut. : 0m33 ; Larg. : 0m46.

15 Paysage.

Haut : 0m38 ; Larg. : 0m55.

16 Paysage.

Haut. : 0m45 ; Larg. : 0m55.

17 Vue de la place de la Concorde.

Haut. : 0m34 ; Larg. : 0m55.

18 Vue du quai St Michel.

Haut. : 0m34 ; Larg. : 0m55.

19 Paysage.

Haut. : 0m20 ; Larg. : 0m28.

20 Fantassin, genre de Neuville.

Haut. : 0m27 ; Larg. : 0m41.

21 Vue du Sacré Cœur, genre Lépine.

Haut. : 0m27 ; Larg. : 0m40.

22 Paysage.

Haut.: 0m43 ; Larg. : 0m60.

23 Paysage.

Haut.: 0m46 ; Larg. : 0m56.

24 Paysage.

Haut. : 0ᵐ55; Larg. : 0ᵐ65.

25 Paysage, attribué à Viollet-le-Duc.

Haut. : 0ᵐ33; Larg. : 0ᵐ55.

26 Paysage.

Haut. : 0ᵐ48; Larg. : 0ᵐ65.

27 Nature morte.

Haut. : 0ᵐ38; Larg. : 0ᵐ55.

28 Paysage, genre de Véron.

Haut. : 0ᵐ34 ; Larg. : 0ᵐ48.

29 Paysage.

Haut. : 0ᵐ32 ; Larg. : 0ᵐ39.

30 Paysage, genre de Véron.

Haut. : 0ᵐ32 ; Larg. : 0ᵐ29.

31 Marine.

Haut. : 0ᵐ35; Larg. : 0ᵐ55.

32 Paysage.

Haut. : 0ᵐ33; Larg. : 0ᵐ46.

33 Marine.

Haut. : 0ᵐ22 ; Larg. : 0ᵐ34.

34 Paysage.
Signé à droite, Véron.

Haut. : 0ᵐ20 ; Larg.: 0ᵐ22.

## INGRES

35 Etude, tête de femme vue de face.
Cadre rond, bois sculpté.

Haut. : 0ᵐ23 ; Larg. : 0ᵐ23.

## JAQUEMART NELLY (Mᵐᵉ André)

36 Portrait du Cᵗᵉ de H., ancien pair de France.

Haut. : 0ᵐ64 ; Larg. : 0ᵐ54.

## JACQUET (Attribué à G.)

37 Casque, gants, d'armure.

Haut. : 0ᵐ65 ; Larg. : 0ᵐ81

## LAEMLEIN

38  Portrait femme.

Signé à gauche, date 1875.

Haut. : 0m65; Larg. : 0m55.

## LEBOURG

39  Vue du Mont Dore.

Signé en bas a gauche.

Haut, 0m46; Larg. : 0m65.

## LUCAS (S.)

40  Vue de Venise.

Signé en bas à droite.

Haut. 0m37 ; Larg. : 0m48.

## MILLET

41  Le déjeuner des paysans.

Haut. : 0m37 ; Larg. : 0m53.

## PELOUZE

42  Intérieur d'église.

Signé en bas à droite.

Haut. : 0m54; Larg. : 0m75

## TROUILLEBERT

43  Paysage.

Signé en bas.

Haut. : 0m38; Larg. : 0m55.

44  Paysage.

Signé en bas.

Haut. : 0m33; Larg. : 0m42.

## TASSAERT

45  Le sommeil fait tout oublier ! ! !

Peinture sur papier marouflée sur toile.
En bas à gauche, initiales O. T.

Haut. : 0m33; Larg. : 0m42.

## ZIEM

46  Vue du Grand Canal.

Signé en bas et à gauche.

Haut. : 0m36 ; Larg. : 0m55.

# TABLEAUX MODERNES

## DES ÉCOLES ANGLAISE, AMÉRICAINE
## HONGROISE ET ITALIENNE
### appartenant à M. R.

### BALL

47 Portrait.
> Signé en bas à droite.
>> Haut. : 0ᵐ27 ; Larg. : 0ᵐ22.

### BAUER (d'après J. RIX)

48 Paysage (eau-forte sur Japon).

### BURPEE (W. P.)

49 Paysage.
> Signé en bas à gauche, daté 92.
>> Haut. : 0ᵐ25 ; Larg. : 0ᵐ34.

### BEDINI

5o Le Cardinal.
> Signé.
>> Haut. : 0ᵐ41 ; Larg. : 0ᵐ44.

### BRUCK LAJOS

51 La déconvenue.
> Signé.
>> Haut. : 0ᵐ65 ; Larg. : 0ᵐ93.

### BRENNER

5a Paysage.
> Signé.
>> Haut. : 0ᵐ41 ; Larg. : 0ᵐ61.

### CURRAN (Chas. C).

53 Buste de femme.
> Signé en haut ; à droite, daté 95.
>> Haut. : 0ᵐ30 ; Larg. : 0ᵐ21.

### DOUGLAS (Walter)

54 Effet de Neige.
> Signé en bas à droite, daté 1909.
>> Haut. : 0ᵐ17 ; Larg. : 0ᵐ13.

## DOWNING (D.).

55 La Vendangeuse.
> Signé.

Haut. : 0ᵐ70 ; Larg. : 0ᵐ50.

## ECOLE AMÉRICAINE

56 La femme aux fleurs.

Haut. : 0ᵐ46 ; Larg. : 0ᵐ24.

## FIELD (E. L.)

57 Paysage (eau-forte).

## GELDEIN

58 Sous bois avec personnage.
> Signé en bas à gauche, daté 1885.

Haut. : 0ᵐ28 ; Larg. : 0ᵐ21.

## GORE (William-Henry), R. B. A.

59 Le trio.
> Signé.

Haut. : 0ᵐ63 ; Larg. : 0ᵐ92.

## HOOPER (Horace)

60 Deux paysages (se faisant pendant).
> Signé.

Haut. : 0ᵐ41 ; Larg. : 0ᵐ61.

## HUTTARY

61 La monténégrine (pastel).
> Pastel. Signé.

Haut. : 0ᵐ64 ; Larg. : 0ᵐ48.

## LAZARUS (Joseph)

62 Vénus couchée.
> Signé. Daté 1844.

Haut. : 0ᵐ76 ; Larg. : 0ᵐ92.

## LAPATHONWER (A. de)

63 La Rentrée du troupeau.
> Signé en bas au milieu, daté 1864.

Haut. : 0ᵐ49 ; Larg. : 0ᵐ72.

## LYLE

64 Fleurs.
> Signé en bas à droite, daté 1898.

Haut. : 0ᵐ25 ; Larg. : 0ᵐ17.

### MILES (William)

65  La Baleinière.
Signé.

Haut. : 1m02 : Larg. : 0m76.

### MIGNARD (Attribué à)

66  Portrait de femme.

Haut. : 0m17; Larg. : 0m13.

### MORAN (Léon)

67  A l'Auberge.
Signé.

Haut. : 0m28. Larg. : 0m47.

### OLIVER (William)

68  La Reine des roses.
Signé.

Haut. : 0m91 ; Larg. : 0m57.

### ROSENBERG (H.-M.)

69  La Lecture du Grand' père.
Signé en haut et à droite.

Haut. : 0m34 : Larg. : 0m55.

### STACEY-MARKS (H.), R. A.

70  Les Joyeuses femmes de Windsor (scène de Shakespeare).
Signé. A figuré à l'Exposition de 1855 de la Royal Academy.
Haut. : 0m95 : Larg. : 0m77.

### STUART (Ch.)

71  Scène écossaise.
Signé. A été reproduit en gravures.
Haut. : 0m91 ; Larg. : 0m72.

### MAX-TODT

72  Les dernières lectures.
Signé.

Haut. : 0m23 Larg. : 0m16.

# AQUARELLES, DESSINS
## GRAVURES, PASTEL

### Appartenant à divers

### DAUMIER (H.)

73 Forgeron au travail.
> Très beau et important dessin lavé à l'encre de chine, rehaussé de mine de plomb et de pierre noire.
> Au verso se trouve un dessin inachevé.
> Signé en bas à gauche.
>
> Haut. : 0m3o : Larg. : 0m25.

### ECOLE FRANÇAISE DU XVIIIe SIÈCLE

74 Deux paysages se faisant pendant.
> Aquarelle en grisaille.

### ECOLE FRANÇAISE DU XVIIIe SIÈCLE

75 Portrait d'homme.
> Pastel.

76 Tête de femme.
> Pastel.

### ECOLE FRANÇAISE DU XIXe SIÈCLE

77 L'Enfant au hochet.
> Pastel.　　　　Haut. : 0m47 ; Larg. : 0m58.

### ECOLE ANGLAISE (commencement du XIXe siècle)

78 Suite de 8 lithographies.
> En couleurs.

79 Femme et enfant dans une barque.
> Gravure en bistre.

### FRANCAIS (d'après Delaroche)

80 Napoléon.
> Gravure en noir.

### JACQUES (d'après Coton Woodville)

81 **1815.**
> Gravure en noir.

### LAMOTTE (d'après Davaut)

82 La veillée d'Austerlitz.
> Gravure en noir.

# MINIATURES

83 Portrait de M<sup>r</sup> de H., vers 1820.
84 Portrait de la Comtesse de A., vers 1810.
85 Portrait du Comte de H.
    Signé : Blanc, 1831.
86 Portrait de M<sup>r</sup> F. G.
87 Portrait de la Marquise d'E.
88 Portrait de M<sup>r</sup> de L., vers 1826.
89 Portrait de M<sup>r</sup> T. de S<sup>t</sup> S.
    Signée : Fish, 1831.
90 Portrait de Mme A. de L., 1735.
91 Portrait de femme, (Empire).
92 Portrait du Marquis de F., vers 1848.
93 Portrait de Mme S. de la F., vers 1814.
94 Portrait de M<sup>r</sup> de S., vers 1830.
95 Portrait de Mme Ch. de H., vers 1841.
96 Portrait de la Comtesse de H.
    Signé : Blanc, 1831.
97 Portrait de M<sup>r</sup> de C.
    Signé : Blanc, 1843.
98 Portrait de Mme L. de la S., vers 1820.
99 Portrait du Général de H., vers 1840.
100 Portrait du Marquis d'E., vers 1814.

## PERRET (Marius)

101 Musicienne Javanaise.
    Aquarelle.        Haut : 0<sup>m</sup>25 ; Larg. : 0<sup>m</sup>38.
102 Musicienne Javanaise.
    Aquarelle.        Haut. : 0<sup>m</sup>25 ; Larg. : 0<sup>m</sup>38.

## HUBERT ROBERT

103 Mausolée de Caïus Cestius.
104 Aqueduc de Claude.
    Aquarelles.        Haut.: 0<sup>m</sup>34 ; Larg. : 0<sup>m</sup>25.

## VAN DE VELDE

105 Soleil couchant.
106 Pont Aven.
    Pastels. Signés.        Haut. : 0<sup>m</sup>34 ; Larg. : 0<sup>m</sup>26.

# TABLEAUX ANCIENS
## Appartenant à divers

### ADAM (Munich, 1786-1862),

107 Cheval.

Deux tableaux se faisant pendants.
Signé en bas à droite.
Cadre bois sculpté.

Haut. : 0m33; Larg. : 0m41.

### BOUCHER

108 Tête de profil.

Cadre bois sculpté.

Haut. : 0m23; Larg. : 0m23.

### BOUCHER (Attribué à)

109 Pastorale.

Haut. : 0m95; Larg, : 0m70.

### BRONZINO (Attribué à)

110 Portrait d'homme.

Cadre bois sculpté.

Haut. : 0m92; Larg. : 0m72.

### BOURGUIGNON (Attribué à) .

111 Scène de bataille.

Haut. : 0m31 ; Larg. : 0m44.

### CLOUETS (Attribué aux)

112 Portrait présumé de Madeleine de Savoie, duchesse de
Montmorency.

Haut. : 0m39; Larg. : 0m28.

### CLOUETS (Attribué aux)

113 Portrait de femme vu à mi-corps, tête de trois-quarts.

Haut. : 0m40; Larg. : 0m32.

### CORRÈGE

114 Étude pour la Mater Dolorosa, de la descente de croix
de Parme.

Intéressante peinture en grisaille, montrant la technique
des écoles des siècles antérieurs.

Haut. : 0m50; Larg. : 0m40.

## ECOLE ANGLAISE (Commencement du XVIII<sup>e</sup> SIÈCLE)

115 L'Heureuse ménagère.

Haut. : 0m93; Larg. : 0m71.

## ECOLE ALLEMANDE DU XVIII<sup>e</sup> SIÈCLE

116 Portrait de femme.

Haut. : 0m16; Larg. : 0m16.

## FCOLE ESPAGNOLE DU XVI<sup>e</sup> SIÈCLE

117 Adoration.

Haut. : 0m87; Larg. : 0m65;

## ECOLE ESPAGNOLE DU XVII<sup>e</sup> SIÈCLE

118 Ermite.

Haut.: 0m38; Larg. : 0m55.

## ECOLE ESPAGNOLE DU XVIII<sup>e</sup> SIÈCLE

119 Personnages.

Six tableaux représentant chacun un personnage différent.

## GOYA (Atelier de)

120 Scène de danse.

Haut.: 0m38; Larg. : 0m55.

121 La Jeune fille à l'ombrelle.

Haut.: 0m65; Larg. : 0m54.

## ECOLES FLAMANDES ET HOLLANDAISES
### Des XVI<sup>e</sup> et XVII<sup>e</sup> SIÈCLES

122 Le Pleurnicheur.

Haut. : 0m34: Larg. : 0m28.

123 Maternité heureuse.

Haut.: 0m40; Larg. : 0m31.

124 Portrait de femme en buste.

Haut. : 0m69; Larg. : 0m55.

125 Paysage avec personnages.

Haut. : 0m36; Larg. : 0m48.

126 Nature morte.

Haut.: 0m57: Larg. : 0m44.

127 Portrait d'homme.

Haut. : 0m55; Larg. 0m45.

128 Portrait de femme.

Haut. : 0<sup>m</sup>40; Larg. : 0<sup>m</sup>38.

129 Intérieur.

130 Panier de poissons.

Haut. : 0<sup>m</sup>42 Larg; 0<sup>m</sup>61.

## ÉCOLE FRANÇAISE D'AVIGNON

131 Descente de croix,
Peinture à l'œuf.

Haut.: 0<sup>m</sup>50; Larg. : 0<sup>m</sup>65.

## ÉCOLE FRANÇAISE DE FONTAINEBLEAU

132 L'Enfant Jésus, la Vierge, sainte Anne et saint Jean-Baptiste.

Haut.: 0<sup>m</sup>85; Larg. : 0<sup>m</sup>65.

## ÉCOLE FRANÇAISE DU XVI<sup>e</sup> SIÈCLE

133 Portrait d'homme.

Haut. : 0<sup>m</sup>18; Larg. : 0<sup>m</sup>15.

## ECOLE ALLEMANDE (Commencement du XVI<sup>e</sup> siècle)

134 La Vierge, l'Enfant Jésus et sainte Anne.

Haut.: 0<sup>m</sup>60; Larg. : 0<sup>m</sup>48.

135 La Vierge et l'Enfant Jésus.

Haut. : 0<sup>m</sup>65; Larg. : 0<sup>m</sup>49.

136 Les Vertus cardinales.

Haut. : 0<sup>m</sup>71; Larg.: 0<sup>m</sup>58.

137 Scène du baptême.

Haut. : 0<sup>m</sup>56; Larg. : 0<sup>m</sup>97.

## ÉCOLE FRANÇAISE DU XVIII<sup>e</sup> SIÈCLE

138 Portrait de femme.

Haut.: 0<sup>m</sup>81 ; Larg.:0<sup>m</sup>65.

139 Paysage.

140 Compotier de fraises.

Haut.: 0<sup>m</sup>29; Larg.: 0<sup>m</sup>29.

141 Paysage.
Genre de DE MARNE.

Haut. : 0<sup>m</sup>32; Larg. : 0<sup>m</sup>38.

142 Portrait de femme è mi-corps, vue de face.

Haut. : 0<sup>m</sup>72 ; Larg. : 0<sup>m</sup>59.

143 Galante aubade.

144 Portrait de femme en décolleté.
Cadre bois sculpté ovale.

Haut.: 0<sup>m</sup>72 ; Larg.: 0<sup>m</sup>56.

## ELIAS (Attribué à Nicolas)

145 Portrait d'homme.

Haut.: 0<sup>m</sup>64 ; Larg.: 0<sup>m</sup>47.

## FREDOU (J.-M.) (1752-1824)

146 L'Ancêtre et l'Aïeule.
Deux portraits se faisant pendants.

Haut.: 0<sup>m</sup>29 ; Larg.: 0<sup>m</sup>23.

## GÉRARD (Baron)

147 Calypso et Ulysse.

Haut.: 0<sup>m</sup>60 ; Larg.: 0<sup>m</sup>73.

## HELMONT (Attribué à Van)

148 Alchimiste dans son laboratoire.

Haut.: 0<sup>m</sup>54 ; Larg.: 0<sup>m</sup>64.

## JANSSEN (V.) (1664-1739)

149 Fête de Bacchus.
Signé en bas à gauche, daté 1695.

Haut. : 0<sup>m</sup>59 ; Larg. : 0<sup>m</sup>81.

149 *bis* Nymphes surprises.
Signé en bas à droite, daté 1695.

Haut. : 0<sup>m</sup>59 ; Larg. : 0<sup>m</sup>86.

## LARGILLIÈRE (Attribué à)

150 Portrait de femme à mi-corps, la poitrine découverte,
tenant une coupe de la main gauche.
Cadre ovale en bois sculpté.

Haut. : 0<sup>m</sup>80 ; Larg.: 0<sup>m</sup>65.

## MORALÈS (Atelier)

151 Le Couronnement de la Vierge.

Larg. : 0<sup>m</sup>93 ; Haut. : 1<sup>m</sup>03.

152 Sainte Thérèse.

Haut. : 0<sup>m</sup>74 ; Larg. : 0<sup>m</sup>51.

## MIEREVELT (Attribué à)

153 Portrait d'homme.

Haut. : 1<sup>m</sup>15 ; Larg. : 0<sup>m</sup>85.

(Attribué à)

...ne vue à mi-corps.

Haut. : 0<sup>m</sup>25; Larg. : 0<sup>m</sup>21.

## RIGAUD (Atelier)

155 Portrait de M. Darmancourt.

Haut. : 0<sup>m</sup>80; Larg. : 0<sup>m</sup>65.

## VELDE (Adrian Van de) (1639-1672)

156 Paysage avec ruines animé de personnages.

Haut : 0<sup>m</sup>50; Larg. : 0<sup>m</sup>60.

## STAVEREN (Van)

157 Ermite en méditation.

Haut. : 0<sup>m</sup>51; Larg. : 0<sup>m</sup>44.

## STRIGEL (Attribué à Bernard) (1461-1528)

158 Portrait d'homme.

Haut. : 0<sup>m</sup>60; Larg. : 0<sup>m</sup>54.

## SCHALKEN (1643-1706)

159 La Femme économe.

Haut. : 0<sup>m</sup>76; Larg. : 0<sup>m</sup>62.

## SMIT André) (1620-1 80)

160 Marine.

A droite des pêcheurs regagnent le port; à gauche un navire de guerre et plusieurs bateaux.

Signé à gauche sur une épave.

Haut.: 0<sup>m</sup>77; Larg. : 1<sup>m</sup>05.

## STORCK (A.).

161 Port de mer animé de personnages.

Signé en bas à droite, daté 1679.

Haut.: 0<sup>m</sup>19; Larg. : 0<sup>m</sup>25.

162 Port de mer animé de personnages.

Signé en bas à droite, daté 1679.

Haut. : 0<sup>m</sup>19; Larg. : 0<sup>m</sup>25.

## VALLIN (Attribué à)

163 Étude pour allégorie.

Haut. : 0<sup>m</sup>32; Larg. : 0<sup>m</sup>27.

## WOUWERMANS (Attribué à)

164 Le Butin.

Haut. : 0<sup>m</sup>70; Larg. : 0<sup>m</sup>95.

165 Tableaux omis.